TRANZLATY

Sprache ist für alle da

زبان برای همه است

Die Schöne und das Biest

زیبایی و هیولا

Gabrielle-Suzanne Barbot de Villeneuve

Deutsch / فارسی

Copyright © 2025 Tranzlaty
All rights reserved
Published by Tranzlaty
ISBN: 978-1-80572-021-8
Original text by Gabrielle-Suzanne Barbot de Villeneuve
La Belle et la Bête
First published in French in 1740
Taken from The Blue Fairy Book (Andrew Lang)
Illustration by Walter Crane
www.tranzlaty.com

Es war einmal ein reicher Kaufmann
زمانی یک تاجر ثروتمند بود
dieser reiche Kaufmann hatte sechs Kinder
این تاجر ثروتمند شش فرزند داشت
Er hatte drei Söhne und drei Töchter
او سه پسر و سه دختر داشت
Er hat keine Kosten für ihre Ausbildung gescheut
او از هیچ هزینه ای برای تحصیل آنها دریغ نکرد
weil er ein vernünftiger Mann war
چون او مرد باهوشی بود
aber er gab seinen Kindern viele Diener
اما او به فرزندان خود خدمتگزاران زیادی داد
seine Töchter waren überaus hübsch
دخترانش فوق العاده زیبا بودند
und seine jüngste Tochter war besonders hübsch
و کوچکترین دخترش به خصوص زیبا بود
Schon als Kind wurde ihre Schönheit bewundert
در کودکی زیبایی او قبلاً تحسین شده بود
und die Leute nannten sie nach ihrer Schönheit
و مردم به زیبایی او را صدا زدند
Ihre Schönheit verblasste nicht, als sie älter wurde
زیبایی او با افزایش سن از بین نرفت
Deshalb nannten die Leute sie weiterhin wegen ihrer Schönheit
بنابراین مردم به زیبایی او را صدا می زدند
das machte ihre Schwestern sehr eifersüchtig
این باعث حسادت خواهرانش شد
Die beiden ältesten Töchter waren sehr stolz
دو دختر بزرگتر غرور زیادی داشتند
Ihr Reichtum war die Quelle ihres Stolzes
ثروتشان مایه غرورشان بود
und sie verbargen ihren Stolz nicht
و غرور خود را نیز پنهان نکردند
Sie besuchten nicht die Töchter anderer Kaufleute
آنها دختران بازرگانان دیگر را ملاقات نکردند
weil sie nur mit Aristokraten zusammentreffen

زیرا آنها فقط با اشراف ملاقات می کنند

Sie gingen jeden Tag zu Partys

آنها هر روز به مهمانی می رفتند

Bälle, Theaterstücke, Konzerte usw.

توپ، نمایش، کنسرت، و غیره

und sie lachten über ihre jüngste Schwester

و آنها به کوچکترین خواهر خود خندیدند

weil sie die meiste Zeit mit Lesen verbrachte

چون بیشتر وقتش را صرف خواندن می کرد

Es war allgemein bekannt, dass sie reich waren

معلوم بود که آنها ثروتمند هستند

so hielten mehrere bedeutende Kaufleute um ihre Hand an

پس چند تاجر سرشناس دست آنها را خواستند

aber sie sagten, sie würden nicht heiraten

اما آنها گفتند که قصد ازدواج ندارند

aber sie waren bereit, einige Ausnahmen zu machen

اما آنها آماده بودند تا استثناهایی را ایجاد کنند

„Vielleicht könnte ich einen Herzog heiraten"

شاید بتوانم با یک دوک ازدواج کنم

„Ich schätze, ich könnte einen Grafen heiraten"

"فکر می کنم می توانم با ارل ازدواج کنم "

Schönheit dankte sehr höflich denen, die ihr einen Antrag gemacht hatten

زیبایی بسیار متمدنانه از کسانی که از او خواستگاری کردند تشکر کرد

Sie sagte ihnen, sie sei noch zu jung zum Heiraten

او به آنها گفت که هنوز برای ازدواج خیلی جوان است

Sie wollte noch ein paar Jahre bei ihrem Vater bleiben

او می خواست چند سال دیگر پیش پدرش بماند

Auf einmal verlor der Kaufmann sein Vermögen

یکباره تاجر ثروت خود را از دست داد

er verlor alles außer einem kleinen Landhaus

او همه چیز را به جز یک خانه کوچک روستایی از دست داد

und er sagte seinen Kindern mit Tränen in den Augen:

و با چشمانی اشکبار به فرزندانش گفت :

„Wir müssen aufs Land gehen"

"ما باید به روستا برویم "

„und wir müssen für unseren Lebensunterhalt arbeiten"

"و ما باید برای زندگی خود کار کنیم "

die beiden ältesten Töchter wollten die Stadt nicht verlassen

دو دختر بزرگتر نمی خواستند شهر را ترک کنند

Sie hatten mehrere Liebhaber in der Stadt

آنها چندین معشوقه در شهر داشتند

und sie waren sicher, dass einer ihrer Liebhaber sie heiraten würde

و مطمئن بودند یکی از معشوقه هایشان با آنها ازدواج خواهد کرد

Sie dachten, ihre Liebhaber würden sie heiraten, auch wenn sie kein Vermögen hätten

آنها فکر می کردند که عاشقانشان حتی بدون ثروت با آنها ازدواج خواهند کرد

aber die guten Damen haben sich geirrt

اما خانم های خوب اشتباه کردند

Ihre Liebhaber verließen sie sehr schnell

عاشقانشان خیلی سریع آنها را ترک کردند

weil sie kein Vermögen mehr hatten

زیرا آنها دیگر هیچ ثروتی نداشتند

das zeigte, dass sie nicht wirklich beliebt waren

این نشان داد که آنها واقعاً مورد پسند نیستند

alle sagten, sie verdienen kein Mitleid

همه گفتند که سزاوار ترحم نیستند

„Wir sind froh, dass ihr Stolz gedemütigt wurde"

"ما خوشحالیم که غرور آنها را فروتن می کنیم "

„Lasst sie stolz darauf sein, Kühe zu melken"

بگذار به گاو دوشیدن افتخار کنند

aber sie waren um Schönheit besorgt

اما آنها نگران زیبایی بودند

sie war so ein süßes Geschöpf

اون خیلی موجود شیرینی بود

Sie sprach so freundlich zu armen Leuten

او خیلی مهربانانه با مردم فقیر صحبت می کرد

und sie war von solch unschuldiger Natur

و او از طبیعت بی گناه بود

Mehrere Herren hätten sie geheiratet

چند نفر از آقایان با او ازدواج می کردند
Sie hätten sie geheiratet, obwohl sie arm war
با اینکه فقیر بود با او ازدواج می کردند
aber sie sagte ihnen, sie könne sie nicht heiraten
اما او به آنها گفت که نمی تواند با آنها ازدواج کند
weil sie ihren Vater nicht verlassen wollte
چون پدرش را ترک نمی کرد
sie war entschlossen, mit ihm aufs Land zu fahren
مصمم بود با او به روستا برود
damit sie ihn trösten und ihm helfen konnte
تا بتواند به او آرامش دهد و کمکش کند
Die arme Schönheit war zunächst sehr betrübt
زیبایی ضعیف در ابتدا بسیار غمگین شد
sie war betrübt über den Verlust ihres Vermögens
او از از دست دادن ثروت خود غمگین بود
„Aber Weinen wird mein Schicksal nicht ändern"
"اما گریه کردن شانس من را تغییر نمی دهد "
„Ich muss versuchen, ohne Reichtum glücklich zu sein"
"من باید سعی کنم خودم را بدون ثروت خوشحال کنم "
Sie kamen zu ihrem Landhaus
آنها به خانه روستایی خود آمدند
und der Kaufmann und seine drei Söhne widmeten sich der Landwirtschaft
و بازرگان و سه پسرش به دامداری پرداختند
Schönheit stand um vier Uhr morgens auf
زیبایی ساعت چهار صبح بلند شد
und sie beeilte sich, das Haus zu putzen
و عجله کرد تا خانه را تمیز کند
und sie sorgte dafür, dass das Abendessen fertig war
و او مطمئن شد که شام آماده است
ihr neues Leben fiel ihr zunächst sehr schwer
در ابتدا او زندگی جدید خود را بسیار دشوار یافت
weil sie diese Arbeit nicht gewohnt war
زیرا او به چنین کاری عادت نکرده بود
aber in weniger als zwei Monaten wurde sie stärker
اما در کمتر از دو ماه او قوی تر شد

und sie war gesünder als je zuvor
و او سالم تر از همیشه بود
nachdem sie ihre arbeit erledigt hatte, las sie
بعد از اینکه کارش را انجام داد خواند
sie spielte Cembalo
او با هارپسیکورد می نواخت
oder sie sang, während sie Seide spann
یا در حالی که ابریشم می چرخید آواز می خواند
im Gegenteil, ihre beiden Schwestern wussten nicht, wie sie ihre Zeit verbringen sollten
برعکس، دو خواهرش نمی دانستند چگونه وقت خود را بگذرانند
Sie standen um zehn auf und taten den ganzen Tag nichts anderes als herumzufaulenzen
آنها ساعت ده از خواب بیدار شدند و کاری جز تنبلی در تمام روز انجام نداند
Sie beklagten den Verlust ihrer schönen Kleider
آنها از گم شدن لباسهای خوب خود ابراز تاسف کردند
und sie beklagten sich über den Verlust ihrer Bekannten
و از از دست دادن آشنایان خود شکایت کردند
„Schau dir unsere jüngste Schwester an", sagten sie zueinander
آنها به یکدیگر گفتند" :به خواهر کوچک ما نگاه کنید ".
„Was für ein armes und dummes Geschöpf sie ist"
"او چه موجود فقیر و احمقی است "
„Es ist gemein, mit so wenig zufrieden zu sein"
"به این معنی است که به این مقدار کم راضی باشیم "
der freundliche Kaufmann war ganz anderer Meinung
تاجر مهربان نظر کاملاً متفاوتی داشت
er wusste sehr wohl, dass Schönheit ihre Schwestern übertraf
او به خوبی می دانست که زیبایی بیش از خواهرانش است
Sie übertraf sie sowohl charakterlich als auch geistig
او در شخصیت و همچنین ذهن آنها را درخشید
er bewunderte ihre Bescheidenheit und ihre harte Arbeit
فروتنی و سخت کوشی او را تحسین کرد
aber am meisten bewunderte er ihre Geduld

اما بیشتر از همه او را صبر او را تحسین کرد

Ihre Schwestern überließen ihr die ganze Arbeit

خواهرانش تمام کارها را به او واگذار کردند

und sie beleidigten sie ständig

و هر لحظه به او توهین می کردند

Die Familie hatte etwa ein Jahr lang so gelebt

خانواده حدود یک سال اینگونه زندگی کرده بودند

dann bekam der Kaufmann einen Brief von einem Buchhalter

سپس تاجر نامه ای از یک حسابدار دریافت کرد

er hatte in ein Schiff investiert

او در یک کشتی سرمایه گذاری کرده بود

und das Schiff war sicher angekommen

و کشتی به سلامت رسیده بود

diese Nachricht ließ die beiden ältesten Töchter staunen

او سر دو دختر بزرگ را برگرداند

Sie hatten sofort die Hoffnung, in die Stadt zurückzukehren

آنها بلافاصله امیدوار بودند که به شهر بازگردند

weil sie des Landlebens überdrüssig waren

زیرا آنها از زندگی روستایی بسیار خسته بودند

Sie gingen zu ihrem Vater, als er ging

در حالی که پدرشان می رفت، نزد پدر رفتند

Sie baten ihn, ihnen neue Kleider zu kaufen

از او التماس کردند که برایشان لباس نو بخرد

Kleider, Bänder und allerlei Kleinigkeiten

لباس، روبان، و انواع چیزهای کوچک

aber die Schönheit verlangte nichts

اما زیبایی چیزی نخواست

weil sie dachte, das Geld würde nicht reichen

چون فکر می کرد پول کافی نیست

es würde nicht reichen, um alles zu kaufen, was ihre Schwestern wollten

برای خرید هر چیزی که خواهرانش می خواستند کافی نبود

„Was möchtest du, Schönheit?", fragte ihr Vater

"چی دوست داری، زیبایی؟" از پدرش پرسید

"Danke, Vater, dass du so nett bist, an mich zu denken",

sagte sie

او گفت": پدر، از تو متشکرم که به فکر من هستی ".

„Vater, sei so freundlich und bring mir eine Rose mit"

"پدر، آنقدر مهربان باش که برای من گل رز بیاوری "

„weil hier im Garten keine Rosen wachsen"

"چون هیچ گل رز اینجا در باغ نمی روید "

„und Rosen sind eine Art Rarität"

"و گل رز نوعی کمیاب است "

Schönheit mochte Rosen nicht wirklich

زیبایی واقعاً به گل رز اهمیت نمی داد

sie bat nur um etwas, um ihre Schwestern nicht zu verurteilen

او فقط چیزی خواست که خواهرانش را محکوم نکند

aber ihre Schwestern dachten, sie hätte aus anderen Gründen nach Rosen gefragt

اما خواهرانش فکر کردند که او به دلایل دیگری گل رز خواسته است

„Sie hat es nur getan, um besonders auszusehen"

"او این کار را انجام داد تا خاص به نظر برسد "

Der freundliche Mann machte sich auf die Reise

مرد مهربان به سفر خود رفت

aber als er ankam, stritten sie über die Ware

اما هنگامی که او رسید، آنها در مورد کالا بحث کردند

und nach viel Ärger kam er genauso arm zurück wie zuvor

و پس از مشقت های فراوان، مثل قبل فقیر بازگشت

er war nur ein paar Stunden von seinem eigenen Haus entfernt

او چند ساعت از خانه خود فاصله داشت

und er stellte sich schon die Freude vor, seine Kinder zu sehen

و او قبلاً لذت دیدن فرزندانش را تصور می کرد

aber als er durch den Wald ging, verirrte er sich

اما هنگام عبور از جنگل گم شد

es hat furchtbar geregnet und geschneit

باران و برف وحشتناکی بارید

der Wind war so stark, dass er ihn vom Pferd warf

باد آنقدر شدید بود که او را از اسبش پرت کرد

und die Nacht kam schnell

و شب به سرعت فرا می رسید

er begann zu glauben, er müsse verhungern

او شروع به فکر کرد که ممکن است از گرسنگی بمیرد

und er dachte, er könnte erfrieren

و فکر کرد که ممکن است یخ بزند تا بمیرد

und er dachte, Wölfe könnten ihn fressen

و او فکر کرد که ممکن است گرگ ها او را بخورند

die Wölfe, die er um sich herum heulen hörte

زوزه گرگ ها را در اطرافش شنید

aber plötzlich sah er ein Licht

اما ناگهان نوری را دید

er sah das Licht in der Ferne durch die Bäume

نور را از راه دور از میان درختان دید

als er näher kam, sah er, dass das Licht ein Palast war

وقتی نزدیکتر شد دید که نور یک قصر است

der Palast war von oben bis unten beleuchtet

کاخ از بالا به پایین روشن شد

Der Kaufmann dankte Gott für sein Glück

تاجر خدا را به خاطر شانسش شکر کرد

und er eilte zum Palast

و با عجله به سمت قصر رفت

aber er war überrascht, keine Leute im Palast zu sehen

اما از دیدن هیچ مردمی در قصر شگفت زده شد

der Hof war völlig leer

حیاط دادگاه کاملا خالی بود

und nirgendwo ein Lebenszeichen

و هیچ نشانی از زندگی وجود نداشت

sein Pferd folgte ihm in den Palast

اسبش به دنبال او وارد قصر شد

und dann fand sein Pferd großen Stall

و سپس اسب او اصطبل بزرگی یافت

das arme Tier war fast verhungert

حیوان بیچاره تقریباً گرسنه شده بود

also ging sein Pferd hinein, um Heu und Hafer zu finden

بنابراین اسب او برای یافتن یونجه و جو به داخل رفت

zum Glück fand er reichlich zu essen
خوشبختانه او مقدار زیادی برای خوردن پیدا کرد
und der Kaufmann band sein Pferd an die Krippe
و بازرگان اسب خود را به آخور بست
Als er zum Haus ging, sah er niemanden
وقتی به سمت خانه می رفت کسی را ندید
aber in einer großen Halle fand er ein gutes Feuer
اما در یک سالن بزرگ آتش خوبی پیدا کرد
und er fand einen Tisch für eine Person gedeckt
و او میز برای یکی پیدا کرد
er war nass vom Regen und Schnee
از باران و برف خیس شده بود
Also ging er zum Feuer, um sich abzutrocknen
پس نزدیک آتش رفت تا خود را خشک کند
„Ich hoffe, der Hausherr entschuldigt mich"
"امیدوارم ارباب خانه مرا ببخشد "
„Ich schätze, es wird nicht lange dauern, bis jemand auftaucht."
"فکر می کنم زمان زیادی طول نمی کشد تا کسی ظاهر شود "
Er wartete eine beträchtliche Zeit
او مدت قابل توجهی منتظر ماند
er wartete, bis es elf schlug, und noch immer kam niemand
او صبر کرد تا اینکه به یازده رسید، اما هنوز کسی نیامد
Schließlich war er so hungrig, dass er nicht länger warten konnte
بالاخره آنقدر گرسنه بود که دیگر نمی توانست صبر کند
er nahm ein Hühnchen und aß es in zwei Bissen
مقداری مرغ گرفت و در دو لقمه خورد
er zitterte beim Essen
هنگام خوردن غذا می لرزید
danach trank er ein paar Gläser Wein
بعد از این چند لیوان شراب نوشید
Er wurde mutiger und verließ den Saal
با شجاعت بیشتر از سالن بیرون رفت
und er durchquerte mehrere große Hallen
و از چندین سالن بزرگ عبور کرد

Er ging durch den Palast, bis er in eine Kammer kam
او در قصر قدم زد تا اینکه وارد یک اتاق شد
eine Kammer, in der sich ein überaus gutes Bett befand
اتاقی که بستر بسیار خوبی در آن بود
er war von der Tortur sehr erschöpft
او از مصییت خود بسیار خسته بود
und es war schon nach Mitternacht
و ساعت از نیمه شب گذشته بود
also beschloss er, dass es das Beste sei, die Tür zu schließen
بنابراین او تصمیم گرفت که بهتر است در را ببندد
und er beschloss, dass er zu Bett gehen sollte
و او به این نتیجه رسید که باید به رختخواب برود
Es war zehn Uhr morgens, als der Kaufmann aufwachte
ساعت ده صبح بود که تاجر از خواب بیدار شد
gerade als er aufstehen wollte, sah er etwas
همین که می خواست بلند شود چیزی دید
er war erstaunt, saubere Kleidung zu sehen
او از دیدن یک مجموعه لباس تمیز شگفت زده شد
an der Stelle, wo er seine schmutzigen Kleider zurückgelassen hatte
در جایی که لباس های کثیفش را جا گذاشته بود
"Mit Sicherheit gehört dieser Palast einer netten Fee"
" مطمئناً این قصر متعلق به یک پری مهربان است "
„eine Fee, die mich gesehen und bemitleidet hat"
"پری که مرا دیده و ترحم کرده است "
er sah durch ein Fenster
از پنجره نگاه کرد
aber statt Schnee sah er den herrlichsten Garten
اما به جای برف، دلپذیرترین باغ را دید
und im Garten waren die schönsten Rosen
و در باغ زیباترین گلهای رز بود
dann kehrte er in die große Halle zurück
سپس به سالن بزرگ بازگشت
der Saal, in dem er am Abend zuvor Suppe gegessen hatte
سالنی که شب قبل در آن سوپ خورده بود
und er fand etwas Schokolade auf einem kleinen Tisch

و مقداری شکلات روی میز کوچکی پیدا کرد
„Danke, liebe Frau Fee", sagte er laut
با صدای بلند گفت: متشکرم خانم پری خوب
„Danke für Ihre Fürsorge"
"ممنونم که اینقدر دقت کردی "
„Ich bin Ihnen für all Ihre Gefälligkeiten äußerst dankbar"
"من به خاطر همه لطف شما به شما بسیار متعهد هستم "
Der freundliche Mann trank seine Schokolade
مرد مهربان شکلاتش را نوشید
und dann ging er sein Pferd suchen
و سپس به دنبال اسب خود رفت
aber im Garten erinnerte er sich an die Bitte der Schönheit
اما در باغ به یاد خواسته زیبایی افتاد
und er schnitt einen Rosenzweig ab
و شاخه ای از گل رز را برید
sofort hörte er ein lautes Geräusch
فورا صدای بزرگی شنید
und er sah ein furchtbar furchtbares Tier
و جانور وحشتناکی را دید
er war so erschrocken, dass er kurz davor war, ohnmächtig zu werden
او آنقدر ترسیده بود که آماده غش کردن بود
„Du bist sehr undankbar", sagte das Tier zu ihm
جانور به او گفت: تو بسیار ناسپاسی
und das Tier sprach mit schrecklicher Stimme
و جانور با صدای وحشتناکی صحبت کرد
„Ich habe dein Leben gerettet, indem ich dich in mein Schloss gelassen habe"
"من با اجازه دادن تو به قلعه خود جان تو را نجات دادم "
"und dafür stiehlst du mir im Gegenzug meine Rosen?"
"و برای این تو در عوض گل رز مرا می دزدی؟ "
„Die Rosen sind für mich mehr wert als alles andere"
"رزهایی که من بیش از هر چیزی برای آنها ارزش قائل هستم "
„Aber du wirst für das, was du getan hast, sterben"
"اما تو باید برای کاری که انجام دادی بمیری "
„Ich gebe Ihnen nur eine Viertelstunde, um sich

vorzubereiten"

فقط یک ربع به شما فرصت می دهم تا خودتان را آماده کنید .

„Bereiten Sie sich auf den Tod vor und sprechen Sie Ihre Gebete"

" خودت را برای مرگ آماده کن و نمازت را بخوان "

der Kaufmann fiel auf die Knie

تاجر روی زانو افتاد

und er hob beide Hände

و هر دو دستش را بلند کرد

„Mein Herr, ich flehe Sie an, mir zu vergeben"

" پروردگار من، از تو می خواهم که مرا ببخشی "

„Ich hatte nicht die Absicht, Sie zu beleidigen"

" من قصد توهین نداشتم "

„Ich habe für eine meiner Töchter eine Rose gepflückt"

" من برای یکی از دخترانم گل رز جمع کردم "

„Sie bat mich, ihr eine Rose mitzubringen"

" او از من خواست برایش گل رز بیاورم "

„Ich bin nicht euer Herr, sondern ein Tier", antwortete das Monster

هیولا پاسخ داد» :من ارباب شما نیستم، بلکه یک حیوان هستم

„Ich mag keine Komplimente"

" من عاشق تعارف نیستم "

„Ich mag Menschen, die so sprechen, wie sie denken"

" من افرادی را دوست دارم که همانطور که فکر می کنند صحبت می کنند "

„glauben Sie nicht, dass ich durch Schmeicheleien bewegt werden kann"

" تصور نکن من می توانم تحت تاثیر چاپلوسی قرار بگیرم "

„Aber Sie sagen, Sie haben Töchter"

" اما شما می گویید که دختر دارید "

„Ich werde dir unter einer Bedingung vergeben"

" به یک شرط میبخشمت "

„Eine deiner Töchter muss freiwillig in meinen Palast kommen"

" یکی از دخترانت باید با کمال میل به قصر من بیاید "

"und sie muss für dich leiden"

"و او باید برای تو رنج بکشد "
„Gib mir Dein Wort"
"بگذار حرفت را بزنم "
„Und dann können Sie Ihren Geschäften nachgehen"
"و سپس می توانید به کار خود بروید "
„Versprich mir das:"
":به من قول بده"
„Wenn Ihre Tochter sich weigert, für Sie zu sterben, müssen Sie innerhalb von drei Monaten zurückkehren"
"اگر دخترت حاضر نشد برایت بمیرد، باید ظرف سه ماه برگردی ".
der Kaufmann hatte nicht die Absicht, seine Töchter zu opfern
تاجر هیچ قصدی برای قربانی کردن دخترانش نداشت
aber da ihm Zeit gegeben wurde, wollte er seine Töchter noch einmal sehen
اما از آنجایی که به او فرصت داده شد، می خواست یک بار دیگر دخترانش را ببیند
also versprach er, dass er zurückkehren würde
پس قول داد که برمی گردد
und das Tier sagte ihm, er könne aufbrechen, wann er wolle
و جانور به او گفت که ممکن است وقتی بخواهد به راه بیفتد
und das Tier erzählte ihm noch etwas
و جانور یک چیز دیگر به او گفت
„Du sollst nicht mit leeren Händen gehen"
"تو نباید دست خالی بروی "
„Geh zurück in das Zimmer, in dem du lagst"
"برگرد به اتاقی که در آن دراز کشیده ای "
„Sie werden eine große leere Schatzkiste sehen"
"شما یک صندوقچه گنج خالی بزرگ خواهید دید "
„Fülle die Schatzkiste mit allem, was Dir am besten gefällt"
"صندوق گنج را با هر چیزی که دوست دارید پر کنید "
„und ich werde die Schatzkiste zu Dir nach Hause schicken"
"و من صندوق گنج را به خانه شما خواهم فرستاد "
und gleichzeitig zog sich das Tier zurück
و در همان زمان وحش عقب نشینی کرد
„Nun", sagte sich der gute Mann

مرد خوب با خود گفت: خوب
„Wenn ich sterben muss, werde ich meinen Kindern wenigstens etwas hinterlassen"
"اگر باید بمیرم، حداقل چیزی را به فرزندانم خواهم گذاشت "
so kehrte er ins Schlafzimmer zurück
پس به اتاق خواب برگشت
und er fand sehr viele Goldstücke
و او مقدار زیادی طلا پیدا کرد
er füllte die Schatzkiste, die das Tier erwähnt hatte
او صندوقچه گنجی را که جانور ذکر کرده بود پر کرد
und er holte sein Pferd aus dem Stall
و اسبش را از اصطبل بیرون آورد
die Freude, die er beim Betreten des Palastes empfand, war nun genauso groß wie die Trauer, die er beim Verlassen des Palastes empfand
لذتی که هنگام ورود به قصر احساس می کرد اکنون برابر با اندوهی بود که از ترک آن احساس می کرد
Das Pferd nahm einen der Wege im Wald
اسب یکی از جاده های جنگل را طی کرد
und in wenigen Stunden war der gute Mann zu Hause
و بعد از چند ساعت مرد خوب به خانه رسید
seine Kinder kamen zu ihm
فرزندانش نزد او آمدند
aber anstatt ihre Umarmungen mit Freude entgegenzunehmen, sah er sie an
اما به جای اینکه آغوش آنها را با لذت بپذیرد، به آنها نگاه کرد
er hielt den Ast hoch, den er in den Händen hielt
شاخه ای را که در دستانش بود بالا گرفت
und dann brach er in Tränen aus
و بعد اشک ریخت
„Schönheit", sagte er, „nimm bitte diese Rosen"
او گفت: "زیبایی، لطفا این گل رزها را بردارید."
„Sie können nicht wissen, wie teuer diese Rosen waren"
"شما نمی توانید بدانید که این گل رز چقدر گران بوده است "
„Diese Rosen haben deinen Vater das Leben gekostet"
"این گل رز به قیمت جان پدرت تمام شد "

und dann erzählte er von seinem tödlichen Abenteuer

و سپس از ماجراجویی مرگبار خود گفت

Sofort schrien die beiden ältesten Schwestern

بلافاصله دو خواهر بزرگتر فریاد زدند

und sie sagten viele gemeine Dinge zu ihrer schönen Schwester

و آنها چیزهای بد زیادی به خواهر زیبای خود گفتند

aber die Schönheit weinte überhaupt nicht

اما زیبایی اصلا گریه نکرد

„Seht euch den Stolz dieses kleinen Schurken an", sagten sie

آنها گفتند" :به غرور آن بدبخت کوچک نگاه کنید ".

„Sie hat nicht nach schönen Kleidern gefragt"

"او لباس خوب نخواست "

„Sie hätte tun sollen, was wir getan haben"

"او باید کاری را که ما انجام دادیم انجام می داد "

„Sie wollte sich hervortun"

"او می خواست خود را متمایز کند "

„so wird sie nun den Tod unseres Vaters bedeuten"

"پس اکنون او مرگ پدر ما خواهد بود "

„und doch vergießt sie keine Träne"

"و با این حال او اشک نمی ریزد "

"Warum sollte ich weinen?", antwortete die Schönheit

"چرا باید گریه کنم؟ "زیبایی جواب داد

„Weinen wäre völlig unnötig"

"گریه کردن خیلی بی نیاز خواهد بود "

„Mein Vater wird nicht für mich leiden"

"پدرم برای من عذاب نمی کشد "

„Das Monster wird eine seiner Töchter akzeptieren"

"هیولا یکی از دخترانش را می پذیرد "

„Ich werde mich seiner ganzen Wut aussetzen"

"من خودم را در برابر تمام خشم او تقدیم خواهم کرد "

„Ich bin sehr glücklich, denn mein Tod wird das Leben meines Vaters retten"

من بسیار خوشحالم، زیرا مرگ من جان پدرم را نجات خواهد داد .

„Mein Tod wird ein Beweis meiner Liebe sein"

"مرگ من دلیلی بر عشق من خواهد بود"
„Nein, Schwester", sagten ihre drei Brüder
سه برادرش گفتند: نه خواهر
„das darf nicht sein"
"این نمی شود"
„Wir werden das Monster finden"
"ما میریم هیولا رو پیدا میکنیم"
"und entweder wir werden ihn töten..."
"و یا ما او را خواهیم کشت"...
„... oder wir werden bei dem Versuch umkommen"
..."وگرنه در تلاش هلاک خواهیم شد"
„Stellt euch nichts dergleichen vor, meine Söhne", sagte der Kaufmann
تاجر گفت: پسرانم چنین چیزی را تصور نکنید
„Die Kraft des Biests ist so groß, dass ich keine Hoffnung habe, dass Ihr es besiegen könntet."
"قدرت جانور آنقدر زیاد است که من هیچ امیدی ندارم که بتوانید بر او غلبه کنید"
„Ich bin entzückt von dem freundlichen und großzügigen Angebot der Schönheit"
"من شیفته پیشنهاد مهربان و سخاوتمندانه زیبایی هستم"
„aber ich kann ihre Großzügigkeit nicht annehmen"
"اما من نمی توانم سخاوت او را بپذیرم"
„Ich bin alt und habe nicht mehr lange zu leben"
"من پیر هستم و مدت زیادی برای زندگی کردن ندارم"
„also kann ich nur ein paar Jahre verlieren"
"پس من فقط می توانم چند سال از دست بدهم"
„Zeit, die ich für euch bereue, meine lieben Kinder"
"زمانی که برای شما افسوس خوردم فرزندان عزیزم"
„Aber Vater", sagte die Schönheit
زیبایی گفت: اما پدر
„Du sollst nicht ohne mich in den Palast gehen"
"تو بدون من به قصر نخواهی رفت"
„Du kannst mich nicht davon abhalten, dir zu folgen"
"تو نمیتوانی من را از دنبال کردن تو بازداری"
nichts könnte Schönheit vom Gegenteil überzeugen

هیچ چیز نمی تواند زیبایی را متقاعد کند
Sie bestand darauf, in den schönen Palast zu gehen
او اصرار داشت که به قصر خوب برود
und ihre Schwestern waren erfreut über ihre Beharrlichkeit
و خواهرانش از اصرار او خوشحال شدند
Der Kaufmann war besorgt bei dem Gedanken, seine Tochter zu verlieren
تاجر از فکر از دست دادن دخترش نگران بود
er war so besorgt, dass er die Truhe voller Gold vergessen hatte
آنقدر نگران بود که سینه پر از طلا را فراموش کرده بود
Abends begab er sich zur Ruhe und schloss die Tür seines Zimmers.
شب برای استراحت بازنشسته شد و در اتاقش را بست
Dann fand er zu seinem großen Erstaunen den Schatz neben seinem Bett.
سپس، در کمال شگفتی، گنج را در کنار تختش یافت
er war entschlossen, es seinen Kindern nicht zu erzählen
او مصمم بود به فرزندانش چیزی نگوید
Wenn sie es gewusst hätten, wären sie in die Stadt zurückgekehrt
اگر می دانستند، می خواستند به شهر بازگردند
und er war entschlossen, das Land nicht zu verlassen
و او تصمیم گرفت که روستا را ترک نکند
aber er vertraute der Schönheit das Geheimnis
اما او به زیبایی راز اعتماد کرد
Sie teilte ihm mit, dass zwei Herren gekommen seien
به او خبر داد که دو آقا آمده اند
und sie machten ihren Schwestern einen Heiratsantrag
و به خواهرانش پیشنهاد دادند
Sie bat ihren Vater, ihrer Heirat zuzustimmen
او از پدرش التماس کرد که با ازدواج آنها موافقت کند
und sie bat ihn, ihnen etwas von seinem Vermögen zu geben
و از او خواست تا مقداری از دارایی خود را به آنها بدهد
sie hatte ihnen bereits vergeben

او قبلاً آنها را بخشیده بود

Die bösen Kreaturen rieben ihre Augen mit Zwiebeln

موجودات شریر چشمان خود را با پیاز مالیدند

um beim Abschied von der Schwester ein paar Tränen zu vergießen

وقتی از خواهرشان جدا شدند کمی اشک بریزند

aber ihre Brüder waren wirklich besorgt

اما برادران او واقعا نگران بودند

Schönheit war die einzige, die keine Tränen vergoss

زیبایی تنها کسی بود که اشک نریخت

sie wollte ihr Unbehagen nicht vergrößern

او نمی خواست ناراحتی آنها را افزایش دهد

Das Pferd nahm den direkten Weg zum Palast

اسب راه مستقیم قصر را در پیش گرفت

und gegen Abend sahen sie den erleuchteten Palast

و نزدیک غروب کاخ نورانی را دیدند

das Pferd begab sich wieder in den Stall

اسب دوباره خودش را به داخل اصطبل برد

und der gute Mann und seine Tochter gingen in die große Halle

و مرد خوب و دخترش به سالن بزرگ رفتند

hier fanden sie einen herrlich gedeckten Tisch

در اینجا میزی را پیدا کردند که با شکوه سرو شده بود

der Kaufmann hatte keinen Appetit zu essen

تاجر اشتهایی برای خوردن نداشت

aber die Schönheit bemühte sich, fröhlich zu erscheinen

اما زیبایی تلاش می کرد که شاد به نظر برسد

sie setzte sich an den Tisch und half ihrem Vater

پشت میز نشست و به پدرش کمک کرد

aber sie dachte auch bei sich:

اما او همچنین با خود فکر کرد :

„Das Biest will mich sicher mästen, bevor es mich frisst"

"جانور مطمئناً قبل از اینکه مرا بخورد می خواهد مرا چاق کند "

„deshalb sorgt er für so viel Unterhaltung"

"به همین دلیل است که او چنین سرگرمی های فراوانی را فراهم می کند "

Nachdem sie gegessen hatten, hörten sie ein großes Geräusch

بعد از اینکه غذا خوردند صدای بلندی شنیدند

und der Kaufmann verabschiedete sich mit Tränen in den Augen von seinem unglücklichen Kind

و بازرگان با چشمانی اشکبار با فرزند خود نگون بخت خداحافظی کرد

weil er wusste, dass das Biest kommen würde

چون می دانست که جانور در حال آمدن است

Die Schönheit war entsetzt über seine schreckliche Gestalt

زیبایی از فرم وحشتناک او وحشت داشت

aber sie nahm ihren Mut zusammen, so gut sie konnte

اما او تا آنجا که می توانست شجاعت به خرج داد

und das Monster fragte sie, ob sie freiwillig mitkäme

و هیولا از او پرسید که آیا با میل آمده است؟

"ja, ich bin freiwillig gekommen", sagte sie zitternd

او با لرزش گفت" :بله، من با کمال میل آمده ام ".

Das Tier antwortete: „Du bist sehr gut"

جانور پاسخ داد" :تو خیلی خوب هستی "

„und ich bin Ihnen zu großem Dank verpflichtet, ehrlicher Mann"

"و من بر تو بسیار متعهد هستم ای مرد صادق"

„Geht morgen früh eure Wege"

"فردا صبح راهت را برو "

„aber denk nie daran, wieder hierher zu kommen"

"اما هرگز به آمدن دوباره به اینجا فکر نکن "

„Lebe wohl, Schönheit, lebe wohl, Biest", antwortete er

او پاسخ داد" :خداحافظ زیبایی، خداحافظ جانور ".

und sofort zog sich das Monster zurück

و بلافاصله هیولا عقب نشینی کرد

"Oh, Tochter", sagte der Kaufmann

تاجر گفت :آه دختر

und er umarmte seine Tochter noch einmal

و یک بار دیگر دخترش را در آغوش گرفت

„Ich habe fast Todesangst"

"من تقریباً از مرگ می ترسم "

„glauben Sie mir, Sie sollten lieber zurückgehen"

"باور کن بهتره برگردی "
„Lass mich hier bleiben, statt dir"
"بگذار به جای تو اینجا بمانم "
„Nein, Vater", sagte die Schönheit entschlossen
زیبایی با لحنی مصمم گفت: نه پدر
„Du sollst morgen früh aufbrechen"
"فردا صبح راهی خواهی شد "
„überlasse mich der Obhut und dem Schutz der Vorsehung"
"مرا به مراقبت و حمایت مشیت بسپار "
trotzdem gingen sie zu Bett
با این حال آنها به رختخواب رفتند
Sie dachten, sie würden die ganze Nacht kein Auge zutun
آنها فکر می کردند که تمام شب چشمان خود را نمی بندند
aber als sie sich hinlegten, schliefen sie ein
اما همانطور که دراز کشیدند خوابیدند
Die Schönheit träumte, eine schöne Dame kam und sagte zu ihr:
زیبارو خواب دید زنی خوب آمد و به او گفت :
„Ich bin zufrieden, Schönheit, mit deinem guten Willen"
"من از حسن نیت تو راضی هستم، زیبایی "
„Diese gute Tat von Ihnen wird nicht unbelohnt bleiben"
"این عمل خوب شما بدون پاداش نخواهد ماند "
Die Schöne erwachte und erzählte ihrem Vater ihren Traum
زیبایی از خواب بیدار شد و خواب خود را به پدرش گفت
der Traum tröstete ihn ein wenig
رویا به او کمک کرد تا کمی آرامش داشته باشد
aber er konnte nicht anders, als bitterlich zu weinen, als er ging
اما در حین خروج نتوانست گریه های تلخی را از خود دور کند
Sobald er weg war, setzte sich Schönheit in die große Halle und weinte ebenfalls
به محض اینکه او رفت، زیبایی در سالن بزرگ نشست و گریه کرد
aber sie beschloss, sich keine Sorgen zu machen
اما او تصمیم گرفت که ناراحت نباشد
Sie beschloss, in der kurzen Zeit, die ihr noch zu leben blieb, stark zu sein

او تصمیم گرفت برای مدت کمی که برای زندگی باقی مانده بود قوی باشد

weil sie fest davon überzeugt war, dass das Biest sie fressen würde

زیرا او کاملاً معتقد بود که جانور او را خواهد خورد

Sie dachte jedoch, sie könnte genauso gut den Palast erkunden

با این حال، او فکر کرد که می تواند کاخ را نیز کشف کند

und sie wollte das schöne Schloss besichtigen

و او می خواست قلعه زیبا را ببیند

ein Schloss, das sie bewundern musste

قلعه ای که او نمی توانست آن را تحسین کند

Es war ein wunderbar angenehmer Palast

این یک قصر لذت بخش و دلپذیر بود

und sie war äußerst überrascht, als sie eine Tür sah

و او از دیدن یک در بسیار متعجب شد

und über der Tür stand, dass es ihr Zimmer sei

و بالای در نوشته بود که اتاق اوست

sie öffnete hastig die Tür

او با عجله در را باز کرد

und sie war ganz geblendet von der Pracht des Raumes

و او کاملاً از شکوه اتاق خیره شده بود

was ihre Aufmerksamkeit vor allem auf sich zog, war eine große Bibliothek

چیزی که بیشتر توجه او را به خود جلب کرد یک کتابخانه بزرگ بود

ein Cembalo und mehrere Notenbücher

یک هارپسیکورد و چندین کتاب موسیقی

„Nun", sagte sie zu sich selbst

با خودش گفت" :خب ".

„Ich sehe, das Biest wird meine Zeit nicht verstreichen lassen"

"من می بینم که هیولا نمی گذارد زمان من سنگین شود "

dann dachte sie über ihre Situation nach

سپس در مورد وضعیت خود با خود فکر کرد

„Wenn ich einen Tag bleiben sollte, wäre das alles nicht hier"

"اگر قرار بود یک روز بمانم همه اینها اینجا نبود "
diese Überlegung gab ihr neuen Mut

این توجه به او شجاعت تازه ای را برانگیخت
und sie nahm ein Buch aus ihrer neuen Bibliothek

و از کتابخانه جدیدش کتابی برداشت
und sie las diese Worte in goldenen Buchstaben:

و این کلمات را با حروف طلایی خواند :
„Begrüße Schönheit, vertreibe die Angst"

"به زیبایی خوش آمدی، ترس را دور کن "
„Du bist hier Königin und Herrin"

"شما در اینجا ملکه و معشوقه هستید "
„Sprich deine Wünsche aus, sprich deinen Willen aus"

"آرزوهایت را بگو، اراده ات را بگو "
„Schneller Gehorsam begegnet hier Ihren Wünschen"

"اطاعت سریع خواسته های شما را در اینجا برآورده می کند "
"Ach", sagte sie mit einem Seufzer

او با آه گفت :افسوس
„Am meisten wünsche ich mir, meinen armen Vater zu sehen"

"بیشتر از همه آرزو دارم پدر بیچاره ام را ببینم "
„und ich würde gerne wissen, was er tut"

"و من می خواهم بدانم او چه کار می کند "
Kaum hatte sie das gesagt, bemerkte sie den Spiegel

همین که این را گفت متوجه آینه شد
zu ihrem großen Erstaunen sah sie ihr eigenes Zuhause im Spiegel

در کمال تعجب او خانه خود را در آینه دید
Ihr Vater kam emotional erschöpft an

پدرش از لحاظ عاطفی خسته از راه رسید
Ihre Schwestern gingen ihm entgegen

خواهرانش به ملاقات او رفتند
trotz ihrer Versuche, traurig zu wirken, war ihre Freude sichtbar

علیرغم تلاش آنها برای غمگین به نظر رسیدن، شادی آنها قابل مشاهده بود
einen Moment später war alles verschwunden

یک لحظه بعد همه چیز ناپدید شد
und auch die Befürchtungen der Schönheit verschwanden
و دلهره های زیبایی نیز ناپدید شد
denn sie wusste, dass sie dem Tier vertrauen konnte
زیرا می دانست که می تواند به جانور اعتماد کند
Mittags fand sie das Abendessen fertig
ظهر او شام را آماده یافت
sie setzte sich an den Tisch
خودش پشت میز نشست
und sie wurde mit einem Musikkonzert unterhalten
و او با یک کنسرت موسیقی سرگرم شد
obwohl sie niemanden sehen konnte
اگرچه او نمی توانست کسی را ببیند
abends setzte sie sich wieder zum Abendessen
شب دوباره برای شام نشست
diesmal hörte sie das Geräusch, das das Tier machte
این بار صدای هیولا را شنید
und sie konnte nicht anders, als Angst zu haben
و او نمی‌توانست جلوی ترسش را بگیرد
"Schönheit", sagte das Monster
هیولا گفت: زیبایی
"erlaubst du mir, mit dir zu essen?"
" اجازه می دهی با تو غذا بخورم؟"
"Mach, was du willst", antwortete die Schönheit zitternd
زیبایی لرزان پاسخ داد :"هر کاری که دوست داری انجام بده ".
„Nein", antwortete das Tier
جانور پاسخ داد :نه
„Du allein bist hier die Herrin"
"شما تنها معشوقه ای اینجا هستید "
„Sie können mich wegschicken, wenn ich Ärger mache"
"اگر مشکل دارم، می توانید مرا بفرستید "
„schick mich fort, und ich werde mich sofort zurückziehen"
"مرا بفرست و من فورا عقب نشینی میکنم "
„Aber sagen Sie mir: Finden Sie mich nicht sehr hässlich?"
"اما، به من بگو، آیا فکر نمی کنی من خیلی زشت هستم؟ "
„Das stimmt", sagte die Schönheit

زیبایی گفت: این درست است
„Ich kann nicht lügen"
"نمیتونم دروغ بگم"
„aber ich glaube, Sie sind sehr gutmütig"
"اما من معتقدم که شما خیلی خوب هستید"
„Das bin ich tatsächlich", sagte das Monster
هیولا گفت: "من واقعا هستم".
„Aber abgesehen von meiner Hässlichkeit habe ich auch keinen Verstand"
"اما جدا از زشتی‌هایم، عقل هم ندارم"
„Ich weiß sehr wohl, dass ich ein dummes Wesen bin"
"من به خوبی می دانم که من یک موجود احمق هستم"
„Es ist kein Zeichen von Torheit, so zu denken", antwortete die Schönheit
زیبایی پاسخ داد: "اینگونه فکر کردن نشانه حماقت نیست".
„Dann iss, Schönheit", sagte das Monster
هیولا گفت «پس زیبایی».
„Versuchen Sie, sich in Ihrem Palast zu amüsieren"
"سعی کن خودت را در قصرت سرگرم کنی"
"alles hier gehört dir"
"اینجا همه چیز مال توست"
„Und ich wäre sehr unruhig, wenn Sie nicht glücklich wären"
"و اگر تو خوشحال نبودی من خیلی ناراحت می شدم"
„Sie sind sehr zuvorkommend", antwortete die Schönheit
زیبایی پاسخ داد: "شما بسیار موظف هستید".
„Ich gebe zu, ich freue mich über Ihre Freundlichkeit"
"اعتراف می کنم از لطف شما راضی هستم"
„Und wenn ich über deine Freundlichkeit nachdenke, fallen mir deine Missbildungen kaum auf"
"و وقتی مهربانی شما را در نظر می گیرم، به سختی متوجه بدشکلی های شما می شوم"
„Ja, ja", sagte das Tier, „mein Herz ist gut
جانور گفت: بله، بله، قلب من خوب است
„Aber obwohl ich gut bin, bin ich immer noch ein Monster"
"اما با وجود اینکه خوب هستم، من هنوز یک هیولا هستم"

„Es gibt viele Männer, die diesen Namen mehr verdienen als Sie."

"مردان زیادی هستند که بیش از شما سزاوار این نام هستند"

„und ich bevorzuge dich, so wie du bist"

"و من تو را همانگونه که هستی ترجیح می دهم"

„und ich ziehe dich denen vor, die ein undankbares Herz verbergen"

»و من تو را از کسانی که قلب ناسپاسی را پنهان می دارند ترجیح می دهم .«

"Wenn ich nur etwas Verstand hätte", antwortete das Biest

"جانور پاسخ داد: اگر فقط کمی عقل داشتم".

„Wenn ich vernünftig wäre, würde ich Ihnen als Dank ein schönes Kompliment machen"

"اگر عقل داشتم برای تشکر از شما یک تعریف خوب انجام می دادم"

"aber ich bin so langweilig"

"اما من خیلی کسل هستم"

„Ich kann nur sagen, dass ich Ihnen zu großem Dank verpflichtet bin"

"فقط می توانم بگویم که به شما بسیار متعهد هستم"

Schönheit aß ein herzhaftes Abendessen

زیبایی یک شام مقوی خورد

und sie hatte ihre Angst vor dem Monster fast überwunden

و او تقریباً بر ترس خود از هیولا غلبه کرده بود

aber sie wollte ohnmächtig werden, als das Biest ihr die nächste Frage stellte

اما وقتی هیولا سوال بعدی را از او پرسید می خواست غش کند

"Schönheit, willst du meine Frau werden?"

"زیبایی، همسر من می شوی؟"

es dauerte eine Weile, bis sie antworten konnte

او مدتی طول کشید تا بتواند پاسخ دهد

weil sie Angst hatte, ihn wütend zu machen

چون می ترسید او را عصبانی کند

Schließlich sagte sie jedoch "nein, Biest"

با این حال، در نهایت او گفت" نه، جانور"

sofort zischte das arme Monster ganz fürchterlich

بلافاصله هیولای بیچاره به طرز وحشتناکی خش خش کرد

und der ganze Palast hallte

و تمام قصر طنین انداز شد

aber die Schönheit erholte sich bald von ihrem Schrecken

اما زیبایی به زودی از ترس او خلاص شد

denn das Tier sprach wieder mit trauriger Stimme

زیرا وحش دوباره با صدای غم انگیز صحبت کرد

„Dann leb wohl, Schönheit"

"پس خداحافظ ای زیبایی "

und er drehte sich nur ab und zu um

و او فقط گهگاه به عقب برمی گشت

um sie anzusehen, als er hinausging

وقتی بیرون می رفت به او نگاه کنم

jetzt war die Schönheit wieder allein

حالا زیبایی دوباره تنها بود

Sie empfand großes Mitgefühl

او احساس شفقت زیادی داشت

„Ach, es ist tausendmal schade"

"افسوس که هزار حیف است "

„Etwas, das so gutmütig ist, sollte nicht so hässlich sein"

"هر چیزی که به این خوبی سرشتی داشته باشد نباید اینقدر زشت باشد "

Schönheit verbrachte drei Monate sehr zufrieden im Palast

زیبایی سه ماه را با رضایت کامل در قصر گذراند

jeden Abend stattete ihr das Biest einen Besuch ab

هر روز غروب هیولا او را ملاقات می کرد

und sie redeten beim Abendessen

و در هنگام شام صحبت کردند

Sie sprachen mit gesundem Menschenverstand

آنها با عقل سلیم صحبت کردند

aber sie sprachen nicht mit dem, was man als geistreich bezeichnet

اما با چیزی که مردم شوخ طبعی می نامند صحبت نکردند

Schönheit entdeckte immer einen wertvollen Charakter im Biest

زیبایی همیشه شخصیت ارزشمندی را در هیولا کشف می کرد

und sie hatte sich an seine Missbildung gewöhnt

و او به بدشکلی او عادت کرده بود

sie fürchtete sich nicht mehr vor seinem Besuch

او دیگر از زمان ملاقات او نمی ترسید

jetzt schaute sie oft auf die Uhr

حالا او اغلب به ساعتش نگاه می کرد

und sie konnte es kaum erwarten, bis es neun Uhr war

و او نمی توانست صبر کند تا ساعت نه شود

denn das Tier kam immer zu dieser Stunde

زیرا وحش هرگز در آن ساعت از آمدن غافل نشد

Es gab nur eine Sache, die Schönheit betraf

فقط یک چیز مربوط به زیبایی بود

jeden Abend, bevor sie ins Bett ging, stellte ihr das Biest die gleiche Frage

هر شب قبل از رفتن به رختخواب، جانور همین سوال را از او می پرسید

Das Monster fragte sie, ob sie seine Frau werden wolle

هیولا از او پرسید که آیا همسرش خواهد بود؟

Eines Tages sagte sie zu ihm: „Biest, du machst mir große Sorgen."

یک روز به او گفت: "جانور، تو مرا خیلی ناراحت می کنی"

„Ich wünschte, ich könnte einwilligen, dich zu heiraten"

"کاش میتونستم با تو ازدواج کنم"

„Aber ich bin zu aufrichtig, um dir zu glauben zu machen, dass ich dich heiraten würde"

"اما من آنقدر صمیمانه هستم که نمی توانم باور کنی با تو ازدواج خواهم کرد"

„Unsere Ehe wird nie stattfinden"

"ازدواج ما هرگز اتفاق نخواهد افتاد"

„Ich werde dich immer als Freund sehen"

"من همیشه تو را به عنوان یک دوست خواهم دید"

„Bitte versuchen Sie, damit zufrieden zu sein"

"لطفا سعی کنید به این راضی باشید"

„Damit muss ich zufrieden sein", sagte das Tier

جانور گفت» :باید به این راضی باشم"

„Ich kenne mein eigenes Unglück"

"من بدبختی خودم را می دانم"

„aber ich liebe dich mit der zärtlichsten Zuneigung"

"اما من تو را با لطیف ترین محبت دوست دارم "
„Ich sollte mich jedoch als glücklich betrachten"
"با این حال، من باید خودم را خوشحال بدانم "
"und ich würde mich freuen, wenn du hier bleibst"
"و من باید خوشحال باشم که تو اینجا می مانی "
„versprich mir, mich nie zu verlassen"
"به من قول بده که هرگز ترکم نکنی "
Schönheit errötete bei diesen Worten
زیبایی از این کلمات سرخ شد
Eines Tages schaute die Schönheit in ihren Spiegel
یک روز زیبایی در آینه او نگاه می کرد
ihr Vater hatte sich schreckliche Sorgen um sie gemacht
پدرش نگران او شده بود
sie sehnte sich mehr denn je danach, ihn wiederzusehen
بیشتر از همیشه آرزو داشت دوباره او را ببیند
„Ich könnte versprechen, dich nie ganz zu verlassen"
"من می توانم قول بدهم که هرگز تو را به طور کامل ترک نکنم "
„aber ich habe so ein großes Verlangen, meinen Vater zu sehen"
"اما من خیلی آرزو دارم پدرم را ببینم "
„Ich wäre unendlich verärgert, wenn Sie nein sagen würden"
"اگر نه بگویید من به شدت ناراحت خواهم شد "
"Ich würde lieber selbst sterben", sagte das Monster
هیولا گفت :ترجیح دادم خودم بمیرم
„Ich würde lieber sterben, als dir Unbehagen zu bereiten"
"من ترجیح می دهم بمیرم تا اینکه تو را ناراحت کنم "
„Ich werde dich zu deinem Vater schicken"
"من تو را نزد پدرت می فرستم "
„Du sollst bei ihm bleiben"
"با او خواهی ماند "
"und dieses unglückliche Tier wird stattdessen vor Kummer sterben"
"و این جانور بدبخت در عوض با اندوه خواهد مرد "
"Nein", sagte die Schönheit weinend
زیبایی گریان گفت :نه

„Ich liebe dich zu sehr, um die Ursache deines Todes zu sein"

"من تو را آنقدر دوست دارم که دلیل مرگت باشم "

„Ich verspreche Ihnen, in einer Woche wiederzukommen"

"من به شما قول می دهم که یک هفته دیگر برگردم "

„Du hast mir gezeigt, dass meine Schwestern verheiratet sind"

"تو به من نشان دادی که خواهرانم ازدواج کرده اند "

„und meine Brüder sind zur Armee gegangen"

"و برادرانم به سربازی رفته اند "

"Lass mich eine Woche bei meinem Vater bleiben, da er allein ist"

"اجازه دهید یک هفته پیش پدرم بمانم، زیرا او تنهاست "

"Morgen früh wirst du dort sein", sagte das Tier

جانور گفت :فردا صبح آنجا خواهید بود

„Aber denk an dein Versprechen"

"اما قولت را به خاطر بسپار"

„Sie brauchen Ihren Ring nur auf den Tisch zu legen, bevor Sie zu Bett gehen."

"فقط باید حلقه خود را قبل از رفتن به رختخواب روی میز بگذارید "

"Und dann werdet ihr vor dem Morgen zurückgebracht"

«و سپس شما را قبل از صبح باز گردانند »

„Lebe wohl, liebe Schönheit", seufzte das Tier

جانور آهی کشید" :خداحافظ زیبایی عزیز ".

Die Schönheit ging an diesem Abend sehr traurig ins Bett

زیبایی آن شب بسیار غمگین به رختخواب رفت

weil sie das Tier nicht so besorgt sehen wollte

چون نمی خواست جانور را اینقدر نگران ببیند

am nächsten Morgen fand sie sich im Haus ihres Vaters wieder

صبح روز بعد او خود را در خانه پدرش یافت

sie läutete eine kleine Glocke neben ihrem Bett

او زنگ کوچکی را کنار تختش به صدا درآورد

und das Dienstmädchen stieß einen lauten Schrei aus

و خدمتکار فریاد بلندی کشید

und ihr Vater rannte nach oben

و پدرش به طبقه بالا دوید
er dachte, er würde vor Freude sterben
فکر می کرد از خوشحالی می میرد
er hielt sie eine Viertelstunde lang in seinen Armen
ربع ساعت او را در آغوش گرفت
irgendwann waren die ersten Grüße vorbei
بالاخره اولین احوالپرسی به پایان رسید
Schönheit begann daran zu denken, aus dem Bett zu steigen
زیبایی به فکر بلند شدن از رختخواب افتاد
aber sie merkte, dass sie keine Kleidung mitgebracht hatte
اما متوجه شد که لباسی نیاورده است
aber das Dienstmädchen sagte ihr, sie habe eine Kiste gefunden
اما خدمتکار به او گفت که جعبه ای پیدا کرده است
der große Koffer war voller Kleider und Kleider
صندوق عقب بزرگ پر از لباس مجلسی و لباس بود
jedes Kleid war mit Gold und Diamanten bedeckt
هر لباس با طلا و الماس پوشیده شده بود
Schönheit dankte dem Tier für seine freundliche Pflege
زیبایی از جانور به خاطر مراقبت مهربانش تشکر کرد
und sie nahm eines der schlichtesten Kleider
و یکی از ساده ترین لباس ها را گرفت
Die anderen Kleider wollte sie ihren Schwestern schenken
او قصد داشت لباس های دیگر را به خواهرانش بدهد
aber bei diesem Gedanken verschwand die Kleidertruhe
اما در آن فکر سینه لباس ناپدید شد
Das Biest hatte darauf bestanden, dass die Kleidung nur für sie sei
جانور اصرار کرده بود که لباس ها فقط برای او هستند
ihr Vater sagte ihr, dass dies der Fall sei
پدرش به او گفت که این چنین است
und sofort kam die Kleidertruhe wieder zurück
و بلافاصله صندوق عقب باز آمد
Schönheit kleidete sich mit ihren neuen Kleidern
زیبایی خودش را با لباس های جدیدش پوشید
und in der Zwischenzeit gingen die Mägde los, um ihre

Schwestern zu finden

و در این بین خدمتکاران برای یافتن خواهران او رفتند

Ihre beiden Schwestern waren mit ihren Ehemännern

هر دو خواهرش با شوهرانشان بودند

aber ihre beiden Schwestern waren sehr unglücklich

اما هر دو خواهرش بسیار ناراضی بودند

Ihre älteste Schwester hatte einen sehr gutaussehenden Herrn geheiratet

خواهر بزرگش با یک آقا بسیار خوش تیپ ازدواج کرده بود

aber er war so selbstgefällig, dass er seine Frau vernachlässigte

اما آنقدر به خودش علاقه داشت که از همسرش غافل شد

Ihre zweite Schwester hatte einen geistreichen Mann geheiratet

خواهر دومش با مردی شوخ ازدواج کرده بود

aber er nutzte seinen Witz, um die Leute zu quälen

اما او از شوخ طبعی خود برای عذاب مردم استفاده می کرد

und am meisten quälte er seine Frau

و بیشتر از همه همسرش را عذاب می داد

Die Schwestern der Schönheit sahen sie wie eine Prinzessin gekleidet

خواهران زیبایی او را در لباس یک شاهزاده خانم دیدند

und sie waren krank vor Neid

و از حسادت بیمار شدند

jetzt war sie schöner als je zuvor

حالا او زیباتر از همیشه بود

ihr liebevolles Verhalten konnte ihre Eifersucht nicht unterdrücken

رفتار محبت آمیز او نتوانست حسادت آنها را خفه کند

Sie erzählte ihnen, wie glücklich sie mit dem Tier war

او به آنها گفت که چقدر با این جانور خوشحال است

und ihre Eifersucht war kurz vor dem Platzen

و حسادت آنها آماده ترکیدن بود

Sie gingen in den Garten, um über ihr Unglück zu weinen

آنها به باغ رفتند تا از بدبختی خود گریه کنند

„Inwiefern ist dieses kleine Geschöpf besser als wir?"

"این موجود کوچک از چه نظر بهتر از ماست؟ "
„Warum sollte sie so viel glücklicher sein?"
"چرا او باید خیلی خوشحال تر باشد؟ "
„Schwester", sagte die ältere Schwester
خواهر بزرگتر گفت :خواهر
„Mir ist gerade ein Gedanke gekommen"
"یک فکر به ذهنم رسید "
„Versuchen wir, sie länger als eine Woche hier zu behalten"
"بیایید سعی کنیم او را بیش از یک هفته اینجا نگه داریم "
„Vielleicht macht das das dumme Monster wütend"
"شاید این هیولای احمقانه را خشمگین کند "
„weil sie ihr Wort gebrochen hätte"
"چون او حرف خود را شکست "
"und dann könnte er sie verschlingen"
"و سپس ممکن است او را ببلعد "
"Das ist eine tolle Idee", antwortete die andere Schwester
خواهر دیگر پاسخ داد: "این یک ایده عالی است ".
„Wir müssen ihr so viel Freundlichkeit wie möglich entgegenbringen"
"ما باید تا حد امکان به او مهربانی نشان دهیم "
Die Schwestern fassten den Entschluss
خواهران این تصمیم خود را اعلام کردند
und sie verhielten sich sehr liebevoll gegenüber ihrer Schwester
و با خواهرشان بسیار محبت آمیز رفتار کردند
Die arme Schönheit weinte vor Freude über all ihre Freundlichkeit
زیبایی بیچاره از خوشحالی از این همه مهربانی گریست
Als die Woche um war, weinten sie und rauften sich die Haare
وقتی هفته تمام شد، گریه کردند و موهای خود را پاره کردند
es schien ihnen so leid zu tun, sich von ihr zu trennen
به نظر می رسید که آنها از جدایی با او بسیار متاسف بودند
und die Schönheit versprach, noch eine Woche länger zu bleiben
و زیبایی قول داد که یک هفته بیشتر بماند

In der Zwischenzeit konnte die Schönheit nicht umhin, über sich selbst nachzudenken

در این میان، زیبایی نمی توانست از تأمل در خود جلوگیری کند

sie machte sich Sorgen darüber, was sie dem armen Tier antat

او نگران بود که با حیوان بیچاره چه می کند

Sie wusste, dass sie ihn aufrichtig liebte

او می داند که او را صمیمانه دوست دارد

und sie sehnte sich wirklich danach, ihn wiederzusehen

و او واقعاً آرزو داشت دوباره او را ببیند

Auch die zehnte Nacht verbrachte sie bei ihrem Vater

دهمین شبی که او و در خانه پدرش گذراند

sie träumte, sie sei im Schlossgarten

او خواب دید که در باغ قصر است

und sie träumte, sie sähe das Tier ausgestreckt im Gras liegen

و او در خواب دید که جانور را دراز شده روی علف ها دید

er schien ihr mit sterbender Stimme Vorwürfe zu machen

به نظر می رسید که او را با صدایی در حال مرگ سرزنش می کند

und er warf ihr Undankbarkeit vor

و او را به ناسپاسی متهم کرد

Schönheit erwachte aus ihrem Schlaf

زیبایی از خواب بیدار شد

und sie brach in Tränen aus

و او به گریه افتاد

„Bin ich nicht sehr böse?"

"آیا من خیلی بد نیستم؟ "

„War es nicht grausam von mir, so unfreundlich gegenüber dem Tier zu sein?"

"آیا این ظلم نبود که با این جانور چنین نامهربانی کنم؟ "

„Das Biest hat alles getan, um mir zu gefallen"

"جانور هر کاری کرد تا من را راضی کند "

"Ist es seine Schuld, dass er so hässlich ist?"

-تقصیر خودشه که اینقدر زشته؟

„Ist es seine Schuld, dass er so wenig Verstand hat?"

"این تقصیر اوست که اینقدر عقلش کم است؟ "

„Er ist freundlich und gut, und das genügt"
»او مهربان و نیکوکار است و بس است «
„Warum habe ich mich geweigert, ihn zu heiraten?"
"چرا از ازدواج با او امتناع کردم؟ "
„Ich sollte mit dem Monster glücklich sein"
"من باید با هیولا خوشحال باشم "
„Schau dir die Männer meiner Schwestern an"
"به شوهر خواهرانم نگاه کن "
„Weder Witz noch Schönheit machen sie gut"
"نه شوخ طبع و نه خوش تیپ بودن آنها را خوب نمی کند "
„Keiner ihrer Ehemänner macht sie glücklich"
"هیچ یک از شوهرانشان آنها را خوشحال نمی کند "
„sondern Tugend, Sanftmut und Geduld"
»اما فضیلت و شیرینی خلق و خوی و صبر «
„Diese Dinge machen eine Frau glücklich"
"این چیزها یک زن را خوشحال می کند "
„und das Tier hat all diese wertvollen Eigenschaften"
"و حیوان تمام این صفات ارزشمند را دارد "
„es ist wahr, ich empfinde keine Zärtlichkeit und Zuneigung für ihn"
"درست است، من لطافت محبت را نسبت به او احساس نمی کنم "
„aber ich empfinde für ihn die allergrößte Dankbarkeit"
"اما من متوجه شدم که بالاترین سپاسگزاری را از او دارم "
„und ich habe die höchste Wertschätzung für ihn"
"و من بالاترین احترام را برای او قائل هستم "
"und er ist mein bester Freund"
"و او بهترین دوست من است "
„Ich werde ihn nicht unglücklich machen"
"من او را بدبخت نمی کنم "
„Wenn ich so undankbar wäre, würde ich mir das nie verzeihen"
"اگر اینقدر ناسپاس بودم هرگز خودم را نمی بخشیدم "
Schönheit legte ihren Ring auf den Tisch
زیبایی حلقه اش را روی میز گذاشت
und sie ging wieder zu Bett
و دوباره به رختخواب رفت

kaum war sie im Bett, da schlief sie ein

کمیاب بود قبل از اینکه بخوابد در رختخواب بود

Sie wachte am nächsten Morgen wieder auf

صبح روز بعد دوباره از خواب بیدار شد

und sie war überglücklich, sich im Palast des Tieres wiederzufinden

و او از اینکه خود را در قصر وحش یافت بسیار خوشحال شد

Sie zog eines ihrer schönsten Kleider an, um ihm zu gefallen

یکی از زیباترین لباس هایش را پوشید تا او را راضی کند

und sie wartete geduldig auf den Abend

و او صبورانه منتظر عصر بود

kam die ersehnte Stunde

ساعت آرزویی فرا رسید

die Uhr schlug neun, doch kein Tier erschien

ساعت نه را زد، اما هیچ جانوری ظاهر نشد

Schönheit befürchtete dann, sie sei die Ursache seines Todes gewesen

زیبایی پس از آن ترسید که او علت مرگ او باشد

Sie rannte weinend durch den ganzen Palast

او با گریه در اطراف قصر دوید

nachdem sie ihn überall gesucht hatte, erinnerte sie sich an ihren Traum

بعد از اینکه همه جا دنبالش گشت، خوابش را به یاد آورد

und sie rannte zum Kanal im Garten

و او به سمت کانال باغ دوید

Dort fand sie das arme Tier ausgestreckt

در آنجا جانور بیچاره را دراز کرده بود

und sie war sicher, dass sie ihn getötet hatte

و مطمئن بود که او را کشته است

sie warf sich ohne Furcht auf ihn

او بدون هیچ ترسی خود را روی او انداخت

sein Herz schlug noch

قلبش همچنان می تپید

sie holte etwas Wasser aus dem Kanal

او مقداری آب از کانال آورد

und sie goss das Wasser über seinen Kopf

و آب را روی سر او ریخت

Das Tier öffnete seine Augen und sprach mit der Schönheit

جانور چشمانش را باز کرد و با زیبایی صحبت کرد

„Du hast dein Versprechen vergessen"

"تو قولت را فراموش کردی "

„Es hat mir das Herz gebrochen, dich verloren zu haben"

"من خیلی دلم شکست که تو را از دست دادم "

„Ich beschloss, zu hungern"

"تصمیم گرفتم از گرسنگی بمیرم "

„aber ich habe das Glück, Sie wiederzusehen"

"اما من خوشحالم که یک بار دیگر شما را می بینم "

„so habe ich das Vergnügen, zufrieden zu sterben"

"پس من خوشحالم که راضی بمیرم "

„Nein, liebes Tier", sagte die Schönheit, „du darfst nicht sterben"

زیبایی گفت :نه، جانور عزیز، تو نباید بمیری .

„Lebe, um mein Ehemann zu sein"

"زندگی کن تا شوهر من شوی "

„Von diesem Augenblick an reiche ich dir meine Hand"

"از این لحظه دستم را به تو می دهم "

„und ich schwöre, niemand anderes als Dein zu sein"

"و قسم می خورم که جز مال تو نباشم "

„Ach! Ich dachte, ich hätte nur Freundschaft für dich."

"افسوس !فکر می کردم فقط برای تو دوستی دارم "

"aber der Kummer, den ich jetzt fühle, überzeugt mich;"

اما اندوهی که اکنون احساس می کنم مرا متقاعد می کند .

„Ich kann nicht ohne dich leben"

"من نمی توانم بدون تو زندگی کنم "

Schönheit hatte diese Worte kaum gesagt, als sie ein Licht sah

زیبایی کمیاب وقتی نوری را دید این کلمات را گفته بود

der Palast funkelte im Licht

کاخ از نور می درخشید

Feuerwerk erleuchtete den Himmel

آتش بازی آسمان را روشن کرد

und die Luft erfüllt mit Musik

و هوا پر از موسیقی شد

alles kündigte ein großes Ereignis an

همه چیز حکایت از یک رویداد بزرگ داشت

aber nichts konnte ihre Aufmerksamkeit fesseln

اما هیچ چیز نتوانست توجه او را جلب کند

sie wandte sich ihrem lieben Tier zu

او رو به جانور عزیزش کرد

das Tier, vor dem sie vor Angst zitterte

جانوری که برایش از ترس می لرزید

aber ihre Überraschung über das, was sie sah, war groß!

اما تعجب او از چیزی که دید عالی بود !

das Tier war verschwunden

جانور ناپدید شده بود

stattdessen sah sie den schönsten Prinzen

در عوض او دوست داشتنی ترین شاهزاده را دید

sie hatte den Zauber beendet

او به طلسم پایان داده بود

ein Zauber, unter dem er einem Tier ähnelte

طلسمی که تحت آن شبیه یک جانور بود

dieser Prinz war all ihre Aufmerksamkeit wert

این شاهزاده ارزش تمام توجه او را داشت

aber sie konnte nicht anders und musste fragen, wo das Biest war

اما نمی‌توانست بپرسد جانور کجاست

"Du siehst ihn zu deinen Füßen", sagte der Prinz

شاهزاده گفت :او را در پای خود می بینید

"Eine böse Fee hatte mich verdammt"

"پری بدجنس مرا محکوم کرده بود "

"Ich sollte diese Gestalt behalten, bis eine wunderschöne Prinzessin einwilligte, mich zu heiraten."

"قرار بود در این شکل بمانم تا زمانی که یک شاهزاده خانم زیبا با من ازدواج کند "

"Die Fee hat mein Verständnis verborgen"

"پری درک من را پنهان کرد "

"Du warst der Einzige, der großzügig genug war, um von meiner guten Laune bezaubert zu sein."

"تو تنها کسی بودی که به اندازه کافی سخاوتمند بودی که مجذوب خوبی خلق و خوی من شدی"
Schönheit war angenehm überrascht
زیبایی با خوشحالی شگفت زده شد
und sie gab dem bezaubernden Prinzen ihre Hand
و او دست خود را به شاهزاده جذاب داد
Sie gingen zusammen ins Schloss
با هم به داخل قلعه رفتند
und die Schöne war überglücklich, ihren Vater im Schloss zu finden
و زیبایی از یافتن پدرش در قلعه بسیار خوشحال شد
und ihre ganze Familie war auch da
و تمام خانواده او نیز آنجا بودند
sogar die schöne Dame, die in ihrem Traum erschienen war, war da
حتی بانوی زیبایی که در رویای او ظاهر شد آنجا بود
"Schönheit", sagte die Dame aus dem Traum
زیبایی: خانم از رویا گفت
„Komm und empfange deine Belohnung"
"بیا و پاداش خود را دریافت کن"
„Sie haben die Tugend dem Witz oder dem Aussehen vorgezogen"
"شما فضیلت را بر شوخ طبعی یا ظاهر ترجیح داده اید"
„und Sie verdienen jemanden, in dem diese Eigenschaften vereint sind"
"و شما سزاوار کسی هستید که این خصوصیات در آن متحد باشد"
„Du wirst eine großartige Königin sein"
"شما یک ملکه بزرگ خواهید شد"
„Ich hoffe, der Thron wird deine Tugend nicht schmälern"
"امیدوارم تاج و تخت از فضیلت شما کم نکند"
Dann wandte sich die Fee an die beiden Schwestern
سپس پری رو به دو خواهر کرد
„Ich habe in eure Herzen geblickt"
"من درون قلب شما را دیده ام"
„und ich kenne die ganze Bosheit, die in euren Herzen steckt"

"و من می دانم تمام بدی هایی که در قلب شما وجود دارد "
„Ihr beide werdet zu Statuen"
"شما دو نفر مجسمه خواهید شد "
„Aber ihr werdet euren Verstand bewahren"
"اما شما ذهن خود را حفظ خواهید کرد "
„Du sollst vor den Toren des Palastes deiner Schwester stehen"
"تو باید جلوی دروازه های قصر خواهرت بایستی "
„Das Glück deiner Schwester soll deine Strafe sein"
"خوشبختی خواهرت مجازات تو خواهد بود "
„Sie werden nicht in Ihren früheren Zustand zurückkehren können"
"شما نمی توانید به وضعیت قبلی خود بازگردید "
„es sei denn, Sie beide geben Ihre Fehler zu"
"مگر اینکه هر دوی شما اشتباهات خود را بپذیرید "
„Aber ich sehe voraus, dass ihr immer Statuen bleiben werdet"
"اما من پیش بینی می کنم که شما همیشه مجسمه خواهید ماند "
„Stolz, Zorn, Völlerei und Faulheit werden manchmal besiegt"
"غرور، خشم، پرخوري و بطالت گاهي غلبه مي كنند "
„aber die Bekehrung neidischer und böswilliger Gemüter sind Wunder"
"اما تبدیل ذهن حسود و بدخواه معجزه است "
sofort strich die Fee mit ihrem Zauberstab
بلافاصله پری با عصای خود سکته کرد
und im nächsten Augenblick waren alle im Saal entrückt
و در یک لحظه تمام کسانی که در سالن بودند منتقل شدند
Sie waren in die Herrschaftsgebiete des Fürsten eingedrungen
آنها به قلمرو شاهزاده رفته بودند
die Untertanen des Prinzen empfingen ihn mit Freude
رعایای شاهزاده او را با شادی پذیرفتند
der Priester heiratete die Schöne und das Biest
کشیش با زیبایی و هیولا ازدواج کرد
und er lebte viele Jahre mit ihr

و سالها با او زندگی کرد
und ihr Glück war vollkommen
و شادی آنها کامل شد
weil ihr Glück auf Tugend beruhte
زیرا سعادت آنها بر پایه فضیلت استوار بود

Das Ende
پایان

www.ingramcontent.com/pod-product-compliance
Lightning Source LLC
Chambersburg PA
CBHW011553070526
44585CB00023B/2581